Ciekawe dlaczego

Sosny mają igły

i inne pytania na temat lasów

Jackie Gaff

Tytuł oryginału: Pine Trees Have Needles
Autor: Jackie Gaff
Ilustracje: Steve Caldwell 4, 5, 14–15;
Chris Forsey 24–25, 28–29, 30–31;
Elaine Gaffney 8, 8; Neil Reed 10, 11, 12–13, 13, 19, 22;
Peter Wilkes (SGA) – wszystkie kreskówki

Original edition is published by Kingfisher, an imprint of
Macmillan Children's Books.
© for the Polish translation by Janusz Ochab
© Macmillan Children's Books 2012
© 2017 for the Polish edition by „FK Olesiejuk
spółka z ograniczoną odpowiedzialnością" Spółka Jawna
Wydawnictwo Olesiejuk, an imprint of „FK Olesiejuk
spółka z ograniczoną odpowiedzialnością" Spółka Jawna

ISBN 978-83-7844-273-8

„FK Olesiejuk spółka
z ograniczoną odpowiedzialnością" Spółka Jawna
05-850 Ożarów Mazowiecki
ul. Poznańska 91
wydawnictwo@olesiejuk.pl
www.wydawnictwo-olesiejuk.pl

dystrybucja: www.olesiejuk.pl

Druk: Vilpol sp. z o.o.

SPIS TREŚCI

Czym jest las?

Las to duży obszar ziemi pokryty drzewami. Pod drzewami rosną mniejsze rośliny, takie jak krzewy i kwiaty. Wśród roślin żyją różne zwierzęta – owady, ptaki, a w niektórych lasach także większe stworzenia, takie jak lisy czy dziki.

● Na jednym dębie rosnącym w lesie żyje aż czterysta gatunków zwierząt, od owadów i pająków do ptaków i wiewiórek.

Jak lasy pomagają nam oddychać?

Podobnie jak inne ssaki wdychamy tlen z powietrza i wydychamy dwutlenek węgla. Drzewa pomagają nam, bo pochłaniają dwutlenek węgla i wytwarzają dużo tlenu.

● W ciągu jednego roku las składający się z 400 drzew daje dość tlenu, by utrzymać przy życiu co najmniej 20 ludzi.

W których lasach są najwyższe drzewa?

W lasach sekwojowych w Kalifornii, w USA. Sekwoje osiągają wysokość ponad 75 metrów – to więcej niż dwudziestopięciopiętrowy budynek!

● Niemal każde pole pozostawione samo sobie zamieni się powoli w las. Krzewy wypierają trawę, a potem drzewa wypierają krzewy.

Gdzie jest największy las?

Olbrzymie lasy iglaste ciągną się wzdłuż górnej części Azji, Europy i Ameryki Północnej. Największy spośród tych północnych lasów znajduje się w Federacji Rosyjskiej, w Azji. Stanowi on jedną piątą wszystkich lasów na Ziemi.

● Około jednej trzeciej lądu na Ziemi pokrywają lasy.

AMERYKA PÓŁNOCNA

● Największym lasem deszczowym jest puszcza amazońska. Ma powierzchnię ponad 5 milionów kilometrów kwadratowych i pokrywa dwie trzecie Ameryki Południowej.

AMERYKA POŁUDNIOWA

Tropikalny las deszczowy – głównie wiecznie zielone drzewa liściaste, ciepła i deszczowa pogoda przez cały rok.

Tropikalny las suchy – głównie wiecznie zielone drzewa liściaste, suchsze niż obszary lasów deszczowych.

Lasy liściaste i mieszane w klimacie umiarkowanym – głównie drzewa liściaste.

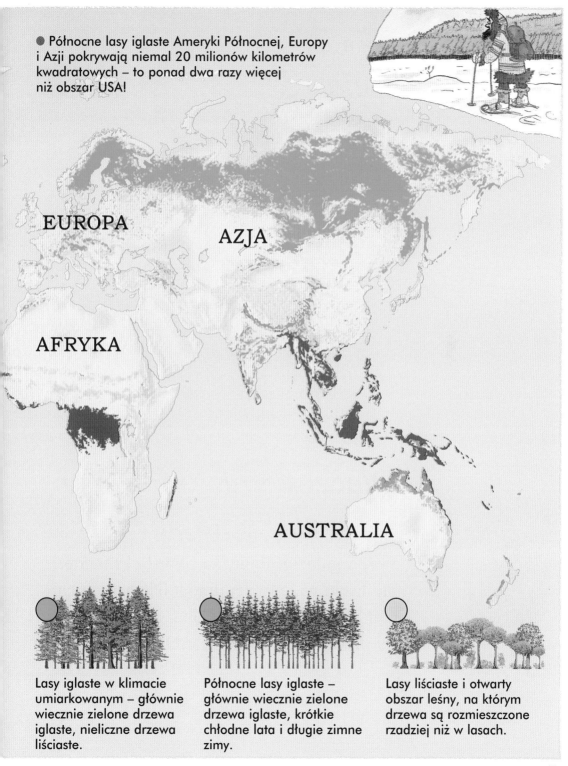

● Północne lasy iglaste Ameryki Północnej, Europy i Azji pokrywają niemal 20 milionów kilometrów kwadratowych – to ponad dwa razy więcej niż obszar USA!

EUROPA

AZJA

AFRYKA

AUSTRALIA

Lasy iglaste w klimacie umiarkowanym – głównie wiecznie zielone drzewa iglaste, nieliczne drzewa liściaste.

Północne lasy iglaste – głównie wiecznie zielone drzewa iglaste, krótkie chłodne lata i długie zimne zimy.

Lasy liściaste i otwarty obszar leśny, na którym drzewa są rozmieszczone rzadziej niż w lasach.

Czym są lasy liściaste?

Lasy liściaste składają się głównie z drzew liściastych, takich jak dęby, buki czy klony. Liście drzew liściastych mają różne kształty i rozmiary.

Klon

Dąb

Dlaczego niektóre lasy są w zimie nagie?

Pnie i gałęzie drzew są twarde i mocne, ale liście większości drzew liściastych są cienkie jak papier i słabe – zbyt słabe, by przetrwać ostrą zimę. Dlatego większość drzew liściastych zrzuca liście jesienią, mniej więcej w tym samym czasie, kiedy my zaczynamy się cieplej ubierać.

● O drzewach, które nie zrzucają liści na zimę, mówimy, że są „wiecznie zielone". Do takich drzew należy eukaliptus, którego liśćmi żywi się koala.

Dlaczego sosny mają igły?

Podobnie jak cedry, jodły i cisy sosny należą do grupy drzew iglastych – drzew, których owocami są szyszki. Jak większość drzew iglastych sosny nie zrzucają liści przed zimą. Dzieje się tak dlatego, że liście sosny to twarde i wąskie igiełki, dość wytrzymałe, by przetrwać zimową pogodę.

● Najmniejsze szyszki są niewiele większe od paznokcia kciuka, największe są dłuższe od ludzkiej ręki!

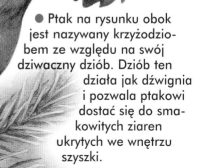

● Ptak na rysunku obok jest nazywany krzyżodziobem ze względu na swój dziwaczny dziób. Dziób ten działa jak dźwignia i pozwala ptakowi dostać się do smakowitych ziaren ukrytych we wnętrzu szyszki.

Czy w lasach deszczowych pada deszcz?

Nie pada, tylko leje! W tych lasach tropikalnych deszcz pada niemal każdego dnia, a na każdy rok przypada aż 200 dni burzowych.

Dlaczego drzewa w lasach deszczowych są jak parasole?

Korony drzew w lesie deszczowym są tak szerokie i gęste, że działają jak parasole, nie dopuszczając do ziemi znacznej części opadów. Zatrzymują też światło słoneczne, przez co przy ziemi panuje tajemniczy półmrok.

● Dżungla to najgęstsza część lasu deszczowego. Rośliny są tu bardzo mocno splątane; żeby przez nie przejść, trzeba wyrąbywać sobie drogę.

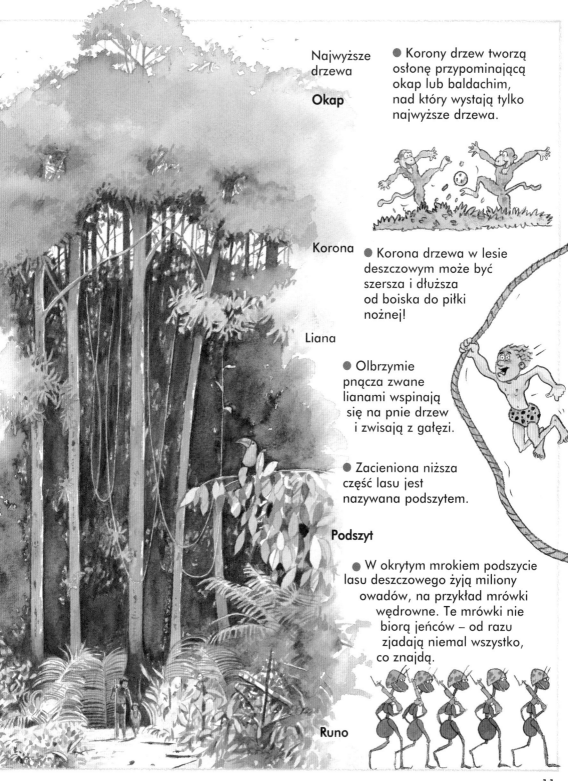

Najwyższe drzewa

Okap

● Korony drzew tworzą osłonę przypominającą okap lub baldachim, nad który wystają tylko najwyższe drzewa.

Korona

● Korona drzewa w lesie deszczowym może być szersza i dłuższa od boiska do piłki nożnej!

Liana

● Olbrzymie pnącza zwane lianami wspinają się na pnie drzew i zwisają z gałęzi.

● Zacieniona niższa część lasu jest nazywana podszytem.

Podszyt

● W okrytym mrokiem podszycie lasu deszczowego żyją miliony owadów, na przykład mrówki wędrowne. Te mrówki nie biorą jeńców – od razu zjadają niemal wszystko, co znajdą.

Runo

11

Dlaczego rośliny rosną w powietrzu?

Wiele roślin w lesie deszczowym rośnie wysoko na gałęziach drzew, gdzie dociera znacznie więcej światła niż przy ziemi. Korzenie takich roślin czerpią wodę i inne potrzebne im substancje z powietrza, a nie z gleby.

● Niektóre gatunki żabek drzewnych mogą skakać w powietrze i szybować z drzewa na drzewo.

● Ludzie żyjący w lasach deszczowych używają jadu ukrytego w jaskrawej skórze żaby zwanej drzewołazem karłowatym do zatruwania strzał.

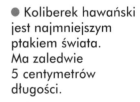

● Koliberek hawański jest najmniejszym ptakiem świata. Ma zaledwie 5 centymetrów długości.

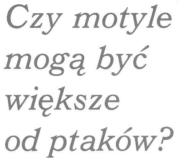

- Żuk herkules jest najdłuższym na świecie chrząszczem. Jego ciało jest tak długie jak ciało myszy domowej wraz z ogonem!

Czy motyle mogą być większe od ptaków?

Owszem, w lasach deszczowych może się to zdarzyć. Motyl królowej Aleksandry jest większy od wielu ptaków! Żyje w Papui-Nowej Gwinei, a jego skrzydła mogą osiągać rozpiętość 30 centymetrów.

Czy kolibry są ptakami?

Tak, choć są równie małe jak owady i podobnie jak niektóre z nich żywią się nektarem. Wybierają go z kwiatów za pomocą długich dziobów.

Dlaczego jaguary mają cętki?

Jeśli szliście już kiedyś przez gęsty las, zauważyliście pewnie, że blask słońca prześwitujący przez liście wygląda jak jasnożółte cętki. Cętkowana sierść pozwala jaguarowi ukryć się w takim świetle i zaskoczyć swą ofiarę. Jaguar poluje niemal na wszystkie zwierzęta, od jeleni i dzików po żółwie i ryby.

● Jaguar jest sprytnym myśliwym. Porusza czubkiem ogona w wodzie niczym wędką, by przywabić ryby.

Jak aj-aj poluje na owady?

Aj-aj (palczak madagaskarski) ma bardzo długie i chude palce. Wygrzebuje nimi z owadzich norek i tuneli swoje ulubione larwy i pędraki. Aj-aj żyje w lasach deszczowych Madagaskaru, na południowy wschód od Afryki.

● Aj-aj znajduje owadzie tunele, stukając długimi palcami w pień drzewa i nasłuchując, gdzie pień jest wydrążony.

● Jedną z najdziwniejszych małp jest nosacz – zwierzę o wyjątkowo dużym nosie. Nosacze żyją na wyspie Borneo i mieszkają w koronach drzew rosnących nad rzekami.

Czego czepiają się czepiaki?

Czepiaki to małpy o długich, chudych nogach, rękach i ogonie. Świetnie wspinają się po drzewach, wykorzystując ogon jak dodatkową rękę. Żyją wysoko w koronach drzew lasów deszczowych.

● Wyjce to najbardziej hałaśliwe zwierzęta lasu deszczowego. O świcie i zmierzchu głośnym wyciem zaznaczają swe terytorium.

Czym są lasy w chmurach?

Te piękne tajemnicze lasy deszczowe porastają zbocza gór w tropikalnych częściach świata. Strzępiaste chmury czepiają się koron drzew lub przepływają między ich gałęziami. Chmury tworzą się wtedy, kiedy ciepłe powietrze z dolin wędruje w górę, ku zimniejszemu, górskiemu.

Które drzewo wygląda jak las?

Pojedyncze drzewo figowca bengalskiego – banianu – może zamienić się niemal w cały las, rozrasta się bowiem w bardzo niezwykły sposób. Niektóre spośród jego gałęzi wbijają się w ziemię, gdzie wypuszczają korzenie i zamieniają w grube pnie. Nowe pnie wypuszczają gałęzie, które znów wbijają się w ziemię. W ten sposób banian zajmuje coraz większy obszar!

● Jeden z największych banianów zajmuje powierzchnię większą niż powierzchnia 32 kortów tenisowych! Baniany rosną w południowej Azji – rekordzista znajduje się w ogrodzie botanicznym w Kalkucie, w Indiach.

● Goryl górski żyje w lasach Afryki, na terenach górskich. Nocą często wspina się na drzewa, by umościć tam sobie przytulne gniazdo.

Gdzie lasy rosną na szczudłach?

Lasy drzew namorzynowych rosną w mętnych wodach wzdłuż tropikalnych wybrzeży. Gałęzie namorzynu także wbijają się w ziemię niczym szczudła i wypuszczają nowe korzenie, jednak namorzyn używa tych „szczudeł" tylko jako podpór i kotwic i się nie rozprzestrzenia.

● Korzenie większości drzew czerpią tlen z gleby, ale namorzyny rosną w mętnej wodzie. Ich korzenie czerpią więc tlen z powietrza, wypuszczając nad wodę odrosty niczym peryskopy.

Które lasy są najzimniejsze?

Krótkie lata i długie, mroźne zimy sprawiają, że najzimniejszymi lasami są lasy na dalekiej północy Azji, Europy i Ameryki Północnej. Mogą tu przetrwać tylko najbardziej wytrzymałe drzewa, więc lasy północne tworzą głównie drzewa iglaste.

● Trójkątny kształt drzew iglastych pomaga im pozbyć się nadmiaru śniegu, który zsuwa się z gałęzi.

● Wilki polują na niemal wszystkie zwierzęta, ale im większe, tym lepsze. Ich ulubioną potrawą jest mięso renifera.

Dlaczego renifery odgarniają śnieg?

● Północno-amerykańskie renifery to karibu. W języku Indian słowo to oznacza „ten, który odgarnia łopatą".

W północnych lasach żyją wielkie stada reniferów. Renifery żywią się roślinami, które trudno znaleźć, gdy ziemia jest pokryta śniegiem. Ich wielkie kopyta służą im wtedy za łopaty!

Co robią zimą niedźwiedzie?

Niedźwiedzie lasów północnych przed mroźną zimą kryją się w norach. Śpią przez większość czasu, czerpiąc niezbędne do życia substancje z tłuszczu, który zgromadziły w ciałach latem.

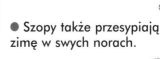

● Szopy także przesypiają zimę w swych norach.

Które lasy ciągle się zmieniają?

Każda pora roku przynosi zmiany w lasach liściastych klimatu umiarkowanego. Drzewa są nagie w zimie, wiosną jednak okrywają się świeżymi liśćmi, gdy ziemia porasta kwiatami i trawą. Jesienią liście przybierają różne barwy, nim opadną na ziemię.

Zima   Wiosna

Czym lisy zajmują się w nocy?

Lasy zamieszkuje całe mnóstwo zwierząt nocnych – takich, które są aktywne w nocy, a śpią w dzień. Lisy wychodzą na polowanie po zmierzchu. Łapią i jedzą wszystkie drobne stworzenia, jakie uda im się upolować.

● Sowy polują w nocy. Większość z nich dobrze widzi w ciemnościach, niektóre jednak mają niezwykle wrażliwy słuch. Potrafią namierzyć swą ofiarę tylko dzięki szelestom, które towarzyszą zwierzętom chodzącym po ziemi.

Lato   Jesień

Czy dzięcioły jedzą drzewo?

Nie, ale rzeczywiście dziobią je przez większość czasu. Robią to, by wydobyć z drzewa owady lub wydrążyć sobie dziuplę.

● Borsuki to także stworzenia nocne. Mieszkają w podziemnych norach. Często sprzątają swe posłanie z trawy i liści, wymieniając stare rośliny na nowe.

● Mięśnie na głowie dzięcioła pochłaniają energię wyzwalaną przy uderzaniu dziobem o pień drzewa, chroniąc jego czaszkę przed uszkodzeniem.

Gdzie żyją koale?

Koale to wybredne stworzenia. Jedzą jedynie liście i młode pędy drzewa eukaliptusowego, dlatego też żyją tylko w koronach drzew australijskich lasów eukaliptusowych.

● Koale prawie w ogóle nie piją, bo woda potrzebna im do życia jest zawarta w ich pożywieniu. Ich nazwa pochodzi od słowa z języka Aborygenów, oznaczającego „bez picia".

● Młode australijskich zwierząt leśnych, takich jak opos (powyżej) i koala (poniżej), zaczynają życie w torbach swoich matek, a potem podróżują sobie wygodnie na ich grzbiecie.

● Bylibyście zdziwieni, ujrzawszy kangura na drzewie. W rzeczywistości jednak właśnie tam spędzają większość życia kangury drzewne!

Który ptak leśny jest największy?

Kazuary to nieśmiałe ptaki, które kryją się w gęstym podszyciu leśnym w Australii i Nowej Gwinei. Największe z nich mogą mieć nawet 1,7 metra wzrostu. Kazuary nie potrafią latać, ale świetnie biegają i umieją pływać.

● Ptaki kiwi z lasów Nowej Zelandii także nie potrafią latać. To jedyne znane ptaki, które mają nozdrza na czubku dzioba.

Kto mieszka w lesie deszczowym?

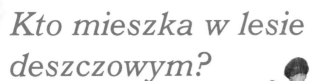

● Ludy plemienne czerpią z leśnych zasobów wszystko, czego potrzebują – od jedzenia, po ubrania i lekarstwa.

W lasach deszczowych mieszka wielu ludzi należących do różnych plemion. Budują domy na polanach i uprawiają warzywa na niewielkich poletkach. Jednak gleba w lasach deszczowych jest dość kiepska, nie można więc uprawiać warzyw w jednym miejscu zbyt długo. Po kilku miesiącach lub latach mieszkańcy lasu pakują się i przenoszą na inne tereny.

● Lud Yanomami zamieszkuje północno-zachodnią część amazońskich lasów deszczowych. Yanomami żyją w dużych grupach złożonych z kilku rodzin i mieszkają w dużych okrągłych domach zwanych shabono.

Czy w lesie deszczowym są szkoły?

Tylko nieliczne dzieci z lasów deszczowych chodzą do szkoły. Ich rodzice uczą je, jak przetrwać w lesie – jak polować i łowić ryby, jak odróżnić rośliny trujące od tych, które nadają się do jedzenia i które mogą służyć za lekarstwo.

Czy w lasach północnych żyją ludzie?

Tak, iglaste lasy Ameryki Północnej, Europy i Azji są domem wielu różnych szczepów. Na przykład w Kanadzie w leśnych osadach żyją Indianie Cree.

● W północnej Skandynawii żyją Lapończycy, utrzymujący się z polowania, łowienia ryb i hodowli reniferów.

Jak wyglądały lasy pierwotne?

Lasy pierwotne wyrosły około 350 milionów lat temu. Składały się głównie z ogromnych skrzypów i widłaków, które wyglądały jak gigantyczne trzciny i paprocie.

● W pierwotnych lasach żyły olbrzymie owady, między innymi ważki wielkości ptaków.

● Prehistoryczne widłaki osiągały 30 metrów wysokości.

Które dinozaury żyły w lasach iglastych?

Lasy iglaste wyrosły jeszcze przed epoką dinozaurów. Tylko największe dinozaury, takie jak iguanodon, były dość wysokie, by sięgnąć zielonych gałęzi drzew iglastych.

● Gdy rośliny prehistorycznych lasów obumarły, przysypały je grube warstwy ziemi i błota. Przez miliony lat były zgniatane i ściskane, aż z ich resztek powstał węgiel.

● W kawałkach bursztynu, czyli skamieniałej żywicy drzew iglastych, można czasem znaleźć prehistoryczne owady.

Które drzewo przeżyło dinozaury?

Araukaria rośnie na Ziemi do dzisiaj, choć pochodzi z czasów dinozaurów.

Jak lasy pomagają lekarzom?

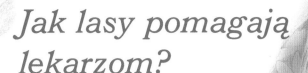

Mieszkańcy lasu od dawna wiedzą, jak leczyć choroby za pomocą roślin.
Na przykład olejek eukaliptusowy może być lekarstwem na kaszel, a barwinek z Madagaskaru jest używany przy leczeniu raka.

● Około jednej czwartej lekarstw używanych obecnie przez lekarzy jest wyrabianych z leśnych roślin.

Jakie rośliny jadalne pochodzą z lasów deszczowych?

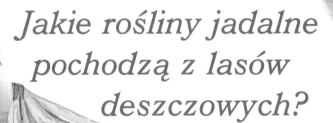

Awokado, banan, mango, kukurydza, batat – wszystkie te rośliny odkryto najpierw w lasach deszczowych, podobnie jak drzewo kakaowca, dzięki któremu mamy dziś czekoladę!

Gdzie rosną drzewa z gumą do żucia?

Ponad tysiąc lat temu Majowie z Ameryki Środkowej dokonali pewnego odkrycia, związanego z drzewem sapodilla (pigwica). Okazało się, że jego mleczna żywica to doskonała guma do żucia. Żywica sapodilli do dziś jest składnikiem gum do żucia.

● Guma wytwarzana z żywicy drzew kauczukowych także została odkryta w lasach deszczowych Ameryki. Europejscy podróżnicy byli zdumieni, widząc, jak mieszkańcy lasu deszczowego robią sobie „buty", rozcierając żywicę na stopach!

Dlaczego ludzie ścinają drzewa?

Ludzie już od zarania dziejów ścinali drzewa na drewno. Wycina się lasy także po to, by zrobić miejsce pod pola uprawne lub pod budowę miast i miasteczek.

● Drewno wykorzystuje się do wyrobu wielu rzeczy, od mebli i domów po papier, plastik i mydło.

Czy lasy są zagrożone?

Tak, bo wycina się zbyt wiele drzew. Szczególnie zagrożone są tropikalne lasy deszczowe – każdego roku wycinane są obszary leśne o powierzchni równej obszarowi Polski!

Co robią ludzie, by ratować lasy?

Działacze organizacji chroniących przyrodę starają się ocalić jak najwięcej roślin i zwierząt. Współpracują także z rządami niektórych krajów, by spowolnić tempo niszczenia lasów i by zasadzać nowe.

● Tygrys jest jednym z wielu gatunków zwierząt, które ze względu na wycinkę lasów są zagrożone wyginięciem.

● Niektóre obszary leśne, nazywane parkami narodowymi, są otoczone specjalną ochroną – nie można na nich ścinać drzew ani usuwać obumarłych pni.

● Każdego roku w Stanach Zjednoczonych sadzi się 1,5 miliarda drzew, na każdego Amerykanina przypada więc pięć sadzonek.

Indeks